AF349518

LA RAISON

POVRQVOY LES FEM-
MES NE PORTENT BARBE

au menton aussi bien qu'à la
penilliere. Et ce qui a es-
meu nosdictes femmes
porter les grands
queuës.

1606.

Eigneurs &'Dames, vous
ſçauezque iay voulontiers
de couſtume quant ie ſçay
quelque choſe de nouueau de vous
en faire ſçauoir & aduertir. Il eſt ainſi quelque fois ieſtois en vne belle
compagnie de Dames a deuiſer de
pluſieurs propos delectables &
ioyeux parmaniere de recreation. Et
entre autres elles me firent vn argu-
ment, Aſſauoir pourquoy les femmes ne portét barbe au menton auſſi bien comme les hommes. Veu

que a l'endroit de la penilliere ils e-
ftoient femblables. Ie vous diray
mes Dames , vrayement c'eft la rai-
fon que a voftre propos ie vous face
refponce: il eft ainfi fi iay bóne fou-
uenance d'vne hyftoire que iay au-
tresfois leüe de la creation du monde que quand noftre Seigneur fift
l'homme & femme il les voulut faire differens a celle fin qu'on co-
gneuft l'homme dauecques la femme, & vous diray comment, a celle fin que vous ne vous en hebayf-
fiezplus. Le bonSeigneur de la hault
voulant paracheuer ce qu'il auoit
encommencé, dict à Adam, viença
Adam ie te veux faire different
d'auec la Femme. Et veux que tu
prenne de cefte terre que voyla
que tu t'en frotte le menton & le
bas du ventre que difons vulgai-

rement penilliere, ce que Adam fist
par le commandement de son mai-
stre, Et la où la terre toucha tu dois
entendre que la y eut du poil. La
femme voyant que l'homme estoit
autrement qui ne souloit estre &
qu'il estoit a elle different voulu ce
faire comme luy, sans le commandement de Dieu, soudainement la
femme prit d'icelle terre qu'elle
auoit veu prendre a son mary & la
veut porter a son menton, mais
ledit seigneur voyant la fragilité
legereté & sottie de ladicte femme
ne permit qu'elle la portast iusques
au menton. Ains luy enuoya vne
grosse mouche guespe qui la picqua
si fort sur la penilliere que soudainement luy conuint porter la main
& la terre quelle vouloit porter a
son menton sur sa penilliere & a

A iiij

l'heure il leua du poil à ladicte femme ſur ledit lieu. Quand Adam vit
cela il ne ſe peut garder de rire, &
remonſtra à ſadicte femme que c'e-
ſtoit pour ſon peché & qui ne luy
auoit eſté commandé ce faire comme à luy. Parquoy ce que vous auez
dict Adam, ce n'eſt que pour la pu-
nition de l'offence que vous auez
faicte & vne autrefois ne faites choſe qui ne vous ſoit commédée: quelque temps apres il aduint que ie me
rencontray auecques noſdites Dames & vois commencer à me ioüer
& deuiſer auecques elles de paroles
ioyeuſes comme i'auois accouſtu-
mé, & vint mettre la main ſur le te-
tin d'vne laquelle me va picquer
d'vne eſpingle & pour vray à l'heure i'aperceus qu'lles eſtoient marrie,
& ſubitement accoururent toutes

ſur moy. En me diſant ſi failloit que
ie fuſſe ſi hardy de reueller leurs ſe-
crets qui ſont les propos que nous
auons tenuscy deſſus, & que par mots
elles eſtoient monſtrees auecques le
doy, & que quát elles alloient parmy
les ruës que on diſoit voyla les femmes qui veulent ſçauoir pourquoy
elles n'ót de poil au menton comme
elles ont au cul. Ainſi no⁹ en euſmes
pluſieurs & diuers propos, & par la
foy de mon pied i'euſſe voulu eſtre
hors d'auecques ellés à dire la verité,
car i'eſtois tout ſeul de ma partie &
elles eſtoient dix ou douze : mais i'e-
ſtois marry qu'il n'y auoit quelqu'vn
pour m'ayder a rire: car tu les euſſes
veües parler toute enſemble comme ces oyes quant on approche
d'eux, leurs langues alloit taſi, taſa
baſa de force de parler leurs baues

leur deſcendoit iuſques au ventre
en façon du monde ie ne peu auoir
audience iuſques a ce qu'elle ſe fuſ-
ſent laſſees de parler. Tu dois entendre entre les autres femmes il
y en eut vne qui me vint empoi-
gner à la barbe en me diſant t'apar-
tient-il auſſi de parler de nos queües
d'y meſchant tu d'y que noſdites
queuës ne ſeruent que de ballier, &
neſtoyer, les immundices des ruës.
Vrayment mes Dames ſi ie lay dit
ien ay dit la verité, encore diſ-ie plus
que vos chambrieres ſouuent quád
elles netoyétvoſditesqueuës qui ſen-
tent plus la merde que vn retraict,
elles vous donnent ſouuent des fieb-
ures quartaines & au Diable ceux
qui en ont eſté inuentiues. Et dea-
gétil Seigneur ſe me firent elles vous
apartient il parler de nos queuës, veu

que vous estes homme qui vous di-
tes de si bon esprit ne sçauez vous
pas la raison qui nous les fait porter
ne nous auez vous pas dit que Eue
la premiere femme fut picquee d'v-
ne mouche guespe sur la penilliere
& qui luy en vint grand mal, & si
lesdites mouches venoient nouspic-
quer, dequoy voudriez vous que
nous defendissions si nous nauons
des queuéspour les chasser. A l'heure
pour bien vous dire ie n'osay les accomparager a vne iumét ou a quelque vieille anesse, lesquelles bestes
quand les mouches leurs vien-
nent a l'entour du cul elles ont leurs
queües pour les chasser. Et sans
leurs queües, sans point de fau-
te les mouches les picqueroient no-
nobstant que nosdites femmes ne
veullent accomparager aux bestes

quelque chose que ie dist Et ou i'en
aurois mal parlé il leur plaira me par-
dóner car ce que i'é ai faict ie lay fait a
mon esciant. Et pour certain a l'heure que ie fis ce present traité i'estois
marri à l'encontre d'vne, parquoy
quant on est marri on ne doit prendre garde a ce que on dit, & confesse
que iay grand tort de ainsi vituperer
nosdites bourgeoises, parquoi vous
prie mes seigneurs aussi mes dames
sans les oublier, car ie les aime comme vne espine en mon pied ie dits
leurs queües car des dames il s'é faut
seruir a passer le temps autres choses
ne seruent elles guères, qui sera fin
mes Dames apres m'estre recóman-
dé à vous & a vos bonnes prieres.
Escript aupres d'vne haye à l'ombre
d'vn buysson par le tout vostre ce-
luy qui n'est iamais oysif.

Oyſiueté eſt de vice-nourrie

¶ Fin de ce preſent traitéImpimé en
la ville &cité du Ieudi gras pour le
noble ſire Kareſme-prenãt de-
mourant en la ruë de la-my
Kareſme pres le Ieudi ab.
ſolu. Compoſé par. L.L.
demourãt ſieurs qua-
ſimodo ce bon
preud hóme.

FIN.